A, B, C,

DES
CHRESTIENS.

Mon Enfant, apprend
doctrine dés ta jeu-
nesse, & tu trouve-
ras sagesse qui te du-
rera jusques à ce que
tu ayes les cheveux
blancs.

Ecclesiastique 6.

Sur l'imprimé,

A CAEN,
Chez Jacques le Bour-
geois au Carfour Saint
Pierre.

SAINT IACQVES I.

S'I aucun de vous a faute de Sapience, qu'il la demande à Dieu, & elle luy sera donnée: mais qu'il la demande en Foy, ne doutant nullement.

POVR PLVS FACILEMENT apprendre les lettres aux Enfans, nous les avons distinguées par journées.

Nostre aide soit au nom de Dieu, qui a fait le Ciel & la Terre. Amen.

Le premier jour	A B C D
Le second	E F G H
Le tiers	I K L M
Le quatriéme	N O P Q
Le cinquiéme	R S T V
Le sixiéme	X Y Z

a b c d e f g h i k l m n o p q r s s t u v x y z.

Lettres Capitales ou Versales.

A B C D E F G H I K L M N O P Q R
S T V X Y Z.

Alphabet en lettre Italique.

a b c d e f g h i k l m n o p q r s s t u v x y z.

A B C D E F G H I K L M N O P Q R S T V X Y Z.

TOVTES LES LETTRES SONT

divisées en Voyelles & Consonantes.

Il y a cinq Voyelles, à sçavoir:

a, e, i, o, u,

y Grec a aussi lieu & vertu de voyelle.

Les Consonantes sont.

b c d f g h k l m n p q r s t x z

Diphtongues Latines.

æ, œ, au, ei, eu.

Diphtongues Françoises.

ai, au, ei eu, ay.

Les Lettres doubles.

& ct st ss ff fi fi ffi. ff.

Voyelles avec les titres & abbreviatures.

ã	am	an
ē	em	en
ĩ	im	in
õ	om	on
ũ	um	un
9	us	

Syllabes.

A	e	i	o	u
Ba	be	bi	bo	bu
Ca	ce	ci	co	cu
Da	de	di	do	du

Fa	fe	fi	fo	fu
Ga	ge	gi	go	gu
Ha	he	hi	ho	hu
Ia	je	ji	jo	ju
La	le	li	lo	lu
Ma	me	mi	mo	mu
Na	ne	ni	no	nu
Pa	pe	pi	po	pu
Qua	que	qui	quo	quu
Ra	re	ri	ro	ru
Sa	fe	fi	fo	fu
Ta	te	ti	to	tu
Va	ve	vi	vo	vu
Xa	xe	xi	xo	xu
Za	ze	zi	zo	zu

Autres Syllabes.

Ab ac ad ab ag ah al am an ap ar as at au
Ec ef el em en er es eu ex.
Id il im in ir is it ix.
Vl um un us ur.
Bac be bal bam bar bas bat.
Ce cal cam can car cas cat caue.
De dal dam dan dat dau.
Bail fail gail guil mail pail rail fail.

A 3

L'ORAISON DE NOSTRE SEIGNEVR

Iesus-Christ.

Nostre Pere qui es és Cieux, Ton nom soit sanctifié, Ton regne advienne, Ta volonté soit faite en la terre comme au Ciel, Donne nous aujourd'huy nostre pain quotidien, & nous pardonne nos offences ainsi que nous pardonnons à ceux qui nous ont offensez & ne nous induy point en tentation, mais delivre nous du mal : car à toy est le regne, la puissance, & la gloire és siecles des siecles. Amen.

Les Articles de la Foy Chrétienne.

Ie croy en Dieu le Pere tout Puissant Createur du Ciel & de la Terre, Et en Iesus-Christ son seul Fils nostre Seig. qui a esté conçu du S. Esprit, Nay de la Vierge Marie. A souffert sous Ponce Pilate, a esté crucifié, mort, ensevely, est descendu aux Enfers. Le tiers jour est ressuscité des morts, est monté aux Cieux, est assis à la dextre de Dieu le Pere tout Puissant : Et de là viendra juger les vifs & les morts.

Ie croy au S. Esprit, la sainte Eglise

universelle, la Communion des Saints,
la Remission des pechez , la Resurrectiõ
de la chair, la vie éternelle. Amen.
Les dix Commandemens de la Loy de Dieu.
EXODE XX.

ECoute Israël , Je suis l'Eternel ton
Dieu, qui t'ay tiré hors de la terre
d'Egypte, de la maison de servitude.

La premiere Table.

1. TU n'auras point d'autres Dieux
devant moy.

2. Tu ne te feras image taillée, ny ressem-
blance aucune des choses qui sont la sus
au Ciel, ny cy-bas en terre, ny és eaux
dessous la terre : Tu ne t'enclineras
point à icelles, & ne les serviras : car je
suis l'Eternel ton Dieu, Dieu fort , ja-
loux, punissant l'iniquité des Peres sur
les Enfans en la troisiéme & quatriéme
generation de ceux qui m'ont en haine ,
& qui fay misericorde en mille genera-
tions à ceux qui m'aiment & gardent
mes Commandemens.

3. Tu ne prendras point le Nom de
l'Eternel ton Dieu en vain : car l'Eternel ne tiendra point pour innocent ce-

luy qui prendra son nom en vain.

4. Aye souvenance du jour du repos,
pour le sanctifier. Six jours tu travail-
leras & feras toute ton œuvre : mais
le septieme jour est le repos de l'Eternel ton Dieu. Tu ne feras aucune œuvre en iceluy, ne toy, ne ton fils, ne ta
fille, ne ton serviteur, ne ta servante, ne
ton bestail, ne l'estranger qui est dedans
tes portes : Car l'Eternel a fait en six
jours le Ciel, la terre, la mer & tout
ce qui est en iceux, & s'est reposé au
septiéme jour, parquoy l'Eternel a be-
ny le jour du repos & l'a sanctifié.

5. Honore ton Pere & ta Mere, afin que
tes jours soient prolongez sur la terre,
laquelle l'Eternel ton Dieu te donne.

6. Tu ne tuëras point.

7. Tu ne paillarderas point.

8. Tu ne déroberas point.

9. Tu ne diras point faux témoignage
contre ton prochain.

10. Tu ne convoiteras point la maison
de ton prochain, ne sa femme, ne son serviteur, ne sa servante, ne son bœuf, ne
son asne, ny aucune chose qui soit à luy.

Le sommaire de toute la Loy.
MATH. XXII.

Tu aimeras l'Eternel ton Dieu de tout ton cœur & de toute ton ame, & de tout ton entendement : c'est le premier & le grand Commandement.

Et le second semblable à iceluy est.

Tu aimeras ton prochain comme toy-même.

De ces deux Commandemens dépendent toute la Loy & les Prophetes.

Confession des pechez.

SEigneur Dieu Pere Eternel & tout Puissant, nous confessons & reconnoissons sans feintise devant ta sainte Majesté, que nous sommes pauvres & miserables pecheurs, conçus & néz en iniquité & corruption, enclins à mal faire, inutiles à tout bien, & que de nostre vice nous transgressons sans fin & sans cesse tes saints Commandemens ; en quoy faisant nous acquerons par ton juste jugement ruine & perdition sur nous. Toutes-fois, Seigneur, nous avons déplaisir en nous-mêmes de t'avoir offensé, & condam-

nous nous & nos vices, avec vraye repentance, desirans que ta grace subvien-
ne à nostre calamité.

Veuille donc avoir pitié de nous,
Dieu & Pere tres-benin & plein de misericorde au nom de ton Fils Jesus-Ch.
nostre Seigneur. Et en effaçant nos vices
& macules, élargy-nous & augmen-
te de jour en jour les dons & graces de
ton saint Esprit, afin que reconnoissans
de tout nostre cœur nostre injustice,
nous soyons touchez d'un vray déplaisir
qui engendre droite penitence : laquelle
nous mortifiant à tous pechez produise
en nous fruits de justice & innocence
qui te soient agreables par iceluy Jesus-
Christ nostre Seigneur. Amen.

Priere du Matin.

NOstre Dieu, Pere & Sauveur, puis
qu'il ta pleu nous faire la grace
de passer la nuit pour venir jusques au
jour present, veuille nous aussi maintenant faire ce bien que nous l'employons
tout à ton service, tellement que nous
ne pensions, ne disions, ne fassions rien
sinon pour te complaire & obeyr à ta

bonne volonté, afin que par ce moyen toutes nos œuvres soient à la gloire de ton Nom, & à l'édification de nos prochains : Et comme il te plaist de faire luire ton Soleil sur la terre pour nous éclairer corporellement, aussi veuille par la clarté de ton Esprit illuminer nos entendemens & nos cœurs pour nous adresser à la droite voye de ta justice. Ainsi à quelque chose que nous nous appliquions, que toûjours nostre principale fin & intention soit de cheminer en ta crainte, te servir & honorer, attendant tout nostre bien & nostre prosperité de ta seule benediction, afin de ne rien entreprendre qui ne te soit agreable.

Davantage travaillant tellement pour nos corps & pour la vie presente, que nous regardions toûjours plus loin, à sçavoir à la vie celeste, laquelle tu as promise à tes enfans.

Neanmoins qu'il te plaise selon le corps & selon l'ame estre nostre protecteur, nous fortifiant contre toutes les tentations du diable, & nous delivrant

de tous les dangers qui nous pourroient
advenir.

Et pour ce que ce n'est rien de bien
commencer qui ne persevere, vueille
nous non seulement pour ce jourd'huy
recevoir en ta sainte conduite, mais
pour toute nostre vie, continuant &
augmentant journellement ta grace en
nous, jusques à ce que tu nous ayes ame-
nez à la pleine conjonction de ton Fils
Iesus-Christ nostre Seigneur, qui est le
vray soleil de nos ames luisant jour &
nuit sans fin & à perpetuité. Et afin
que nous puissions obtenir telles graces de toy, vueille oublier toutes nos
fautes passees, nous les pardonnant par
ta misericorde & bonté infinie comme
tu as promis à tous ceux qui t'en re-
querront de bon cœur.

Qu'il te plaise aussi, Seigneur, nous illuminer par ton S. Esprit en la vraye &
droite intelligence de ta sainte volonté, laquelle il t'a pleu nous reveler en ta
parole, & que l'ayant receuë en vraye
crainte & humilité, nous soyons instruits par icelle à mettre pleinement

noſtre fiance en toy ſeul, te ſervir & honorer comme il appartient pour glori-
fier ton nom en toute nôtre vie, &
qu'elle prenne racine en nos cœurs
pour fructifier à tous fruits de juſtice
& innocence, à l'avancement de ta gloire & à l'edification de ta pauvre Egliſe, & que nous te rendions la crainte
que doivent fidelles ſerviteurs à leurs
maiſtres & vrays enfans à leurs peres,
puiſqu'il t'a pleu nous faire cette grace
de nous recevoir au nombre de tes ſerviteurs & enfans.

Et nous (indignes toutes fois de ta grace) te demandons toutes ces choſes, &
autres que tu connois nous eſtre neceſ-
ſaires mieux que nous-mêmes en faveur
de ton bien-aimé Fils Jeſus-Chriſt nôtre
Sauveur, t'en requerans humblement
comme il nous eſt enſeigné, diſant :

Noſtre Pere qui es aux Cieux, &c.

Auſſi, Seigneur, fay nous la grace de
perſeverer en la Foy, laquelle tu as plantée en nos cœurs par ta miſericorde,
l'augmentant en nous de jour en jour
juſqu'à ce qu'elle parvienne à ſa pleni-

tude, de laquelle nous faisons confession de cœur & de bouche avec l'Eglise universelle, disans: *Ie croy en Dieu, &c.*

Oraison pour dire à l'Ecole devant qu'étudier sa leçon.

SEigneur Dieu, qui és la fontaine de toute sagesse & science, puis qu'il te plaist nous donner le moyen d'estre instruits en l'âge de nostre enfance pour nous sçavoir sainctement & honnestement gouverner tout le cours de nostre vie, veuilles aussi illuminer nos entendemens qui sont d'eux-mesmes aveugles, à ce que nous puissions comprendre la doctrine qui nous sera donnée, veuille conformer nostre memoire pour la bien retenir, veuille disposer nos cœurs à la recevoir volontiers, avec tel desir qu'il appartient, afin que par nostre ingratitude l'occasion que tu nous presente ne perisse, Pour ce faire veuille épandre sur nous ton S. Esprit, l'Esprit, dis-je, de toute intelligence, vérité, jugement, prudence & doctrine lequel nous rende capable de bien profiter, afin que la peine qu'on prendra à nous enseigner ne soit perduë. Et à quelque étude que nous nous appliquions, fay que foyons reduits à la vraye fin, c'eſt de te reconnoiſtre en noſtre Seigneur Jeſus-Chriſt, pour avoir pleine fiance de falut & de vie en ta grace, & te fervir droitement & purement felon ton bon plaiſir : tellement que tout ce que nous apprendrons foit comme inſtrument pour nous aider à cela. Et puis que tu promets de donner fageſſe aux petits & humbles, & confondre les orgueilleux en la vanité de leur fens, pareillement de te manifeſter à ceux qui feront de cœur droit, au contraire aveugler les malins & pervers : veuille nous ranger à la vraye humilité, par laquelle nous foyons rendus dociles & obeïſſans : premierement à toy, fecondement à nos fuperieurs que tu as cõmis pour nous regir & enſeigner. Davantage veuille difpoſer nos cœurs à te chercher fans feintiſe, renonçant à toute affection charnelle & mauvaiſe : Et qu'en telle forte nous nous preparions maintenant pour te fervir une fois en l'eſtat

& vocation, laquelle il te plaira nous
ordonner quand nous serons venus en
âge. Amen.

Le Seigneur revele ses secrets à ceux
qui le craignent, & leur fait connoitre
son alliance.

Priere avant le Repas.

O Souverain Pasteur & Maistre,
Regarde ce troupeau petit,
Et de tes biens souffre le paistre
Sans désordonné appetit :
Nourrissant petit à petit
A ce jourd'huy ta creature,
Par Iesus qui pour nous vestir,
Vn corps suiet à nourriture :
Mangeons, beuvons, reconnoissans
Que tous biens sont de Dieu venans.

Action de Graces aprés le Repas.

P Ere Eternel qui nous ordonne,
N'avoir soucy du lendemain,
Des biens que pour ce jour nous donne
Te remercions d'un cœur humain :
Or puis qu'il t'a plû de ta main,
Donner au corps manger & boire :
Plaise toy du celeste pain,
Paistre nos ames en ta gloire.

Loüange

Loüange à Dieu de tous ses biens,
Qui nous nourrit comme enfans siens.
Vivons en paix, & le Dieu de paix &
de dilection demeurera eternellement
avecnous. Ainsi soit-il.

SEigneur Dieu, puisqu'il t'a pleu
créer la nuit pour le repos de l'homme, comme tu luy as ordonné le jour
pour travailler : vüeille nous faire la
grace de tellement reposer cette nuit,
selon nos corps, que nos ames veillent
tousiours à toy, & que nos cœurs soient
élevez en ton amour, & que tellement
nous nous demettions de toutes solici-
tudes terriennes pour nous soulager selon que nostre infirmité le requiert, que
jamais nous ne t'oublions : mais que la
souvenance de ta bonté & grace demeure tousiours imprimée en nostre memoire : & que par ce moyen nos conscien-
ces ayent aussi bien leur repos spirituel
comme le corps prend le sien.

Davantage, que nostre dormir ne soit
point excessif pour complaire outre
mesure à l'aise de nostre chair : mais

B

seulement pour satisfaire à la fragilité de nostre nature, afin de nous mieux disposer à ton saint service. Aussi qu'il te plaise nous conserver impolus tant en nos corps qu'en nos esprits, & nous garder contre nos dangers, à ce que nostre dormir méme soit à la gloire de ton *Nom*.

Et pour ce que le jour ne s'est point passé que nous ne t'ayons offensé en plusieurs sortes, selon que nous sommes pauvres pecheurs, ainsi que tout est maintenant caché par les tenebres que tu envoye sur la terre, vueille aussi ensevelir toutes nos fautes par ta misericorde, afin que par icelles nous ne soyons point reculez de ta face. Exauce-nous nostre Dieu, nostre Pere, & nostre Sauvéur, par notre Seigneur Iesus-C. Amen.

Nous te demandons toutes ces choses, & les autres que tu connois nous estre necessaires mieux que nous-mêmes en faveur de ton bien-aimé Fils Iesus-Christ nostre Seigneur, comme il nous enseigne de te prier, disans :

Notre Pere qui es aux Cieux.

Aussi, Seigneur, nous te supplions qu'il te plaise nous augmenter la foy de ton saint Evangile, laquelle tu as plantée en nos cœurs par ta grace: nous faire ce bien que nous perseverions tousiours en icelle jusques à la fin, de laquelle nous ferons confession de cœur & de bouche, disans avec l'Eglise universelle.

Je croy en Dieu le Pere, &c.

La benediction de nostre bon Dieu & Pere: la paix & grace de nostre Seigneur Jesus-Christ demeure à jamais avec nous, par la communication du Saint Esprit. Ainsi soit-il.

La maniere d'interroger les enfans qu'on veut recevoir à la sainte Cene de nostre Seigneur Jesus-Christ.

Le Ministre.

EN qui crois-tu?

L'Enfant.

En Dieu le Pere, en Jesus-Christ son Fils, & au Saint Esprit.

M. Le Pere, le Fils & le S. Esprit sont ils plus d'un Dieu ?

E: Non.

M. Faut-il servir Dieu selon ses Commandemens, ou selon les traditions des hommes ?

E. Il le faut servir selon ses Commandemens, & non pas selon les commandemens des hommes ?

M. Peux-tu accomplir les Commandemens de Dieu de toy-mesme ?

E. Non.

M. Qui est-ce donc qui les accomplit en toy ?

E. Le Saint Esprit.

M. Et Quand Dieu ta doné son S. Esprit les peux-tu parfaitement accomplir ?

E. Nenny pas.

M. Et toutesfois Dieu maudit & rejette tous ceux qui ne parferont entierement ses Commandemens ?

E. Il est vray.

M. Par quel moyen donc seras-tu sauvé & delivré de la malediction de Dieu ?

E. Par la Mort & Passion de Nostre Seigneur Jesus-Christ.

M. Comment cela?

E. Pource que par sa mort il nous a rendu la vie, & nous a reconciliez à Dieu son Pere.

M. Et qui pries-tu?

E. Dieu.

M. Au nom de qui le pries-tu?

E. Au nom de nostre Seigneur Jesus-C. qui est nostre Avocat & intercesseur.

M. Combien y a-il de Sacremens en l'Eglise Chrétienne?

E. Deux.

M. Qui sont-ils?

E. Le Baptesme & la sainte Cene.

M. Quelle est la signification du Baptesme?

E. Elle a deux parties : car nostre Seigneur nous y represente la remission de nos pechez, & puis nostre regeneration, ou renouvellement spirituel.

M. Et la Cene que nous signifie-elle?

E. Elle nous signifie que par la communication du Corps & du Sang de nostre Seigneur Jesus-C. nos ames sont nourries en l'esperance de la vie éternelle.

M. Qu'est-ce que nous representent le

pain & le vin qui nous sont donnez en la Cene?

E. Ils nous representent que le Corps & le Sang de Jesus-Christ ont telle vertu envers nos ames, que le Pain & le Vin ont envers nos corps.

M. Entends-tu que le Corps de Iesus-C. soit enclos au pain & son Sang au vin?

E. Non pas.

M. Où faut-il donc que nous cherchions Jesus-Christ pour en avoir la fruiction?

E. Au Ciel, en la gloire de Dieu son Pere.

M. Quel est le moyen pour parvenir jusqu'au Ciel là où Jesus-Christ est?

E. C'est la Foy.

M. Il nous faut donc avoir vraye foy, avant que nous puissions bien user de ce Saint Sacrement?

E. Ouy.

M. Et comment pouvons-nous avoir cette foy?

E. Nous l'avons par le S. Esprit qui habite en nos cœurs, & nous rend certains des promesses de Dieu qui nous sont faites en l'Evangile.

FIN.

AVTRE PETIT CATECHISME
fait par *Theodore de Beze.*

I. Section. *Demande.*

POurquoy Dieu nous a-il mis au monde ? *L'Enfant.*

R. Pour le connoistre & servir.

D. Veut-il estre conneu & servy selon nostre sens & volonté, ou selon ce qu'il luy a pleu nous en declarer ?

R. Selon ce qu'il nous a declaré.

D. Où est-ce qu'il nous a fait cette declaration ?

R. Au livre que nous appelons la Bible, comprenant avec plusieurs histoires la Loy & l'Evangile.

D. Qui a fait ce Livre ?

R. Dieu par ses Prophetes & Apostres.

D. Qu'est-ce que la Loy ?

R. La doctrine qui nous enseigne ce qu'il nous faut faire tant envers Dieu, que l'un envers l'autre.

D. Qu'est-ce que l'Evangile ?

R. La doctrine celeste qui nous enseigné ce qu'il nous faut croire à noſtre ſalut par un ſeul Jeſus-Chriſt.

D. Cette parole comprend-elle tout ce qu'il nous faut croire & faire ?

R. Oüy, ſans qu'il y faille rien ajoûter ny rien oſter.

D. Dites donc les articles de voſtre foy ?

R. Je croy en Dieu le Pere tout puiſſant Createur du Ciel & de la terre, &c.

II. SECTION. *Demande.*

CEtte doctrine nous enſeigne-t'elle qu'il n'y a qu'un Dieu, ou qu'il y en a pluſieurs ?

R. Qu'il n'y en a qu'un, & n'y en peut avoir pluſieurs.

D. Pourquoy ?

R. Pource qu'il faut que celuy qui eſt Dieu ſoit par deſſus toutes choſes, & pourtant il ne peut avoir aucun compagnon.

D. Toutesfois vous en nommez trois, à ſçavoir le Pere, le Fils & le S. Eſprit ?

R. Auſſi y a-il trois Perſonnes en une ſeule & meſme divinité, mais ces trois perſonnes ſont un meſme & ſeul Dieu,

D. Entendez-vous que Dieu soit divisé
en trois parties ?

R. Nenny, car Dieu ne peut estre divisé:
Mais je dis que chacune de ces trois per-
sonnes est un mesme & seul Dieu tout
parfait.

D. Comment cela se peut-il faire?

R. C'est un secret surmontant nostre entendement, & toutes fois tres-certain: car
Dieu nous l'a ainsi déclaré par sa parole.

D. Croyez-vous donc en un seul Dieu
le Pere, le Fils & le S. Esprit,

R. Oüy, & veux mourir en cette foy.

III. Section. *Demande.*

Comment s'appelle le Fils de Dieu?

R. Iesus-Christ.

D. Qu'est-ce à dire Iesus?

R. Iesus vaut autant à dire que Sauveur
& Christ autant qu'Oinct & sacré, pour
estre nostre souverain Roy, ayant puissance sur toute créature: nostre souverain Prophete qui nous a plainement
déclaré la volonté de Dieu son Pere
quant à nostre salut: & nostre souverain
Sacrificateur, qui a pleinement appaisé
l'ire de Dieu envers nous.

D. Qu'a-il fait & souffert pour nous sauver?

R. Il a esté conceu du Saint Esprit, Nay de la Vierge Marie, &c.

D. Dieu peut-il mourir? R. Non.

D. Jesus-Christ est-il pas vray Dieu Eternel avec le Pere & le S. Esprit?

R. Ouy.

D. Comment donc est-il mort?

R. Pource qu'estant vray Dieu, il s'est fait homme, afin qu'en sa personne notre nature porrast la peine de nos fautes.

D. Entendez-vous que le Fils de Dieu se soit changé en homme?

R. Non, car il ne seroit plus Dieu, & Dieu ne se peut changer: Mais estant vray Dieu il a pris nostre nature à soy pour estre vray Dieu & vray homme.

D. S'il n'estoit Dieu, seroit-il nostre Sauveur?

R. Non, car c'est à un seul Dieu de pardonner les pechez, & donner la vie eternelle.

D. Et s'il n'estoit homme seroit-il nostre Sauveur?

R. S'il n'estoit homme il ne fust point

mort, & pourtant nous serons encore
obligez à la mort.

IV. Section. *Demande.*

TOut le monde sera-il sauvé ?
R. Non, car la pluspart du monde refuse son salut.

D. Qui seront donc ceux qui seront
sauvez ?

R. Ceux qui ont foy.

D. Et qu'est-ce que la foy ?

R. Vne certaine asseurance qu'un chacun vray Chrétien doit avoir que Dieu
le Pere l'aime à cause de Jesus-Christ.

D. Pourquoy dites-vous à cause de
Jesus-Christ ?

R. Pource qu'estans corrompus & pervers du tout en nous-mesmes, Dieu ne
nous sçauroit aimer sinon à l'égard de
celuy seul qui est homme tout juste &
parfait, à sçavoir Jesus-Christ son Fils.

D. Cette foy vient-elle de nous-mesmes

R. Non, mais de la seule grace de Dieu
qui l'a donnée à ses Eleus.

D. Et ceux qui ont cette foy sont-ils
sauvez ?

R. Ouy necessairement: car Dieu a donné son Fils, afin que quiconque croira en luy ait la vie eternelle, & il n'est point menteur.

V. Section. *Demande.*

MAis à quoy connoist-on si on a la foy ou non ?

R. Aux bonnes œuvres.

D. Quelles sont les bonnes œuvres & les mauvaises ?

R. Les bonnes sont celles que Dieu a commandées : & les mauvaises celles qu'il a deffenduës.   Dieu ?

D. Dites donc les commandemens de

R. ecoute Israël, &c. desquels le sommaire est, Tu aimeras le Seigneur, &c.

D. Sçavoir les Commandemens de Dieu n'est pas seulement les sçavoir dire : mais il faut aussi entendre ce qu'on dit. Ie vous demande donc que c'est à dire, au troisiéme Commandement, prendre le Nom de Dieu en vain ?

R. C'est nommer Dieu, ce qu'il ne faut jamais faire que pour juste cause, & avec crainte de celuy qu'on nomme.

D. A plus forte raison donc il est encore plus deffendu de jurer Dieu en vain,

c'est à dire de le prendre à tesmoin &
juge sans juste & bonne raison.
R. Il est ainsi.
D. Qu'est-ce que sanctifier le jour du
repos?
R. C'est le dedier & consacrer à la
gloire de Dieu.
D. Ne faut-il pas aussi luy dedier tous
les autres jours de nostre vie?
R. Ouy, mais particulierement ce jour
est ordonné pour cet effet.
D. Deffend-on de travailler le Dimanche, comme si travailler estoit une
chose mauvaise de soy?
R. Non : mais on deffend le travail
ordinaire pour faire une besongne
meilleure.

VI. Section. *Demande.*

Vous avez dit que les bonnes œuvres sont celles que Dieu a commandées, pouvons-nous donc accomplir les Commandemens de Dieu;
R. Non, pas même commencer d'en faire aucun sinon par une grace singuliere
de Dieu : mais il n'y eut jamais ny aura
homme que Jesus-Christ qui les ait par-

faintement accomplis. D. Pourquoy?
R. Pource que Dieu nous veut sauver
par sa seule misericorde en Jesus-Chrift.
D. Si eft-ce que la bonne vie eft le
chemin de salut.
R. Il eft vray que repentance & amen-
dement eft joint avec la remiffion de
nos pechez, mais il ne s'enfuit pas pour
cela que nous foyons sauvez par nos
œuvres.
D. Et pourquoy ne ferons-nous sauvez
par nos œuvres, veu qu'elles font bonnes
R. Pource qu'elles ne font pas affez
bonnes pour cela.
D. A quoy donc font-elles bonnes?
R. A honorer Dieu, à gagner & fortifier
nos prochains, & nous faire connoiftre
que nous fommes enfans de Dieu.
D. Les bonnes œuvres donc ne nous
font pas enfans de Dieu?
R. Non car au contraire, il faut eftre
enfans de Dieu devant que faire de bonnes œuvres : mais c'eft la marque à laquelle on connoift les enfans de Dieu.
D. Qui nous fait donc enfans de Dieu?
R. La feule grace & misericorde de Dieu

par son S. Esprit, selon qu'il nous a elus
de toute Eternité selon son bon plaisir.

VII. Section. *Demande.*

LES. Esprit donc est celuy qui nous
fait enfans de Dieu : mais de quels
instrumens se sert-il ordinairemét pour
nous y mener, & nous y entretenir ?

R. De la Predication de la parolle, de
la Priere & des Sacremens.

D. Qu'appelez-vous predication de la
parole ?

R. L'exposition des écrits des Prophetes & Apôtres qui se fait en l'Eglise par
ceux qu'il a appelez à ce saint Mini-
stere desquels il est dit: Qui vous reçoit me reçoit.

D. Et comment priez-vous ?

R. En disant : Nostre Pere qui est aux
Cieux. Ton nom soit sanctifié, &c.

D. A qui addressez-vous ces paroles ?

R. A Dieu le Pere.

D. Comment est-il vostre Pere, veu
qu'il n'a qu'un seul Fils à sçavoir Jesus-
Christ ?

R. Premierement, pource que Jesus-
Christ son Fils Eternel se faisant homme

s'eſt fait notre frere, ſecondement pource qu'il m'aime en Jeſus-Chriſt ſon Fils
d'affection plus que paternelle.

D. Combien donc que vous n'adreſſiez
voſtre parolle ny au Fils, ny au Saint
Eſprit, ſi ne laiſſez-vous pas en arriere
ny l'un ny l'autre?

R. Non : car je ne puis l'apeler Pére,
qu'au Nom de ſon Fils Jeſus-Chriſt,
ny l'invoquer que par le Saint Eſprit.

D. N'eſt-il pas licite d'adreſſer ſa priere
à la perſonne du Fils & du S. Eſprit ?

R. Ouy, car puiſque les trois perſonnes
ſont un ſeul & meſme Dieu, l'invocation leur appartient, ſoit que j'invoque
le Pere au nom du Fils par le S. Eſprit,
ſoit que je m'addreſſe au Fils pour me
mener au Pere, ſoit que je prie le ſaint
Eſprit de m'enſeigner le Pere & le Fils
tout revient à un.

VIII. Section. *Demande*

ET qu'eſt-ce qu'un Sacrement?
R. C'eſt une choſe que Dieu nous
met devant les yeux en ſon Egliſe pour
nous ſignifier noſtre ſalut, par un autre
qu'on ne voit pas.

D. Et

D. Et pourquoy Dieu a-il adjousté ces signes a ses promesses?

R. Pour nous rendre tant plus asseurez de la fermeté d'icelles.

D. Combien y a il de tels signes en l'Eglise Chrestienne?

R. Deux, à sçavoir le Baptesme & la sainte Cene.

D. Que voyez-vous au Baptesme?

R. De l'eau.

D. Que vous signifie cette eau?

R. Le Sang de Jesus-Christ.

D. Pourquoy faire?

R. Pour nettoyer nos pechez, comme l'eau estant versée nettoye les ordures du corps.

D. Cette eau nettoye-elles les pechez?

R. Non, mais elle signifie ce qui lave nos pechez, à sçavoir le Sang de J. C.

D. Entendez-vous que cette matiere du Sang de Jesus-Christ lave nostre ame;

R. Non, car nostre ame ne se peut nettoyer de quelque matiere comme nos corps : Mais ce Sang me nettoye en tant que Jesus-Christ l'a respandu pour satisfaction de mes pechez.

C

D. Y a-il donc difference entre l'eau
du Baptefme & l'eau commune?
R. Non quant à la matiere (car c'eſt
touſiours de l'eau) mais bien grande,
quant à l'uſage, car l'eau commune ſert
à laver nos ordures corporelles, & l'eau
du Baptefme eſt Sacrement du lave-
ment de nos ames.

IX. SECTION. *Demande.*

QUe voyez-vous en la Cene?
R. Le pain & le vin qu'on y bail-
le ſelon l'Ordonnance de Dieu.
D. Que nous ſignifient ce pain & ce vin?
R. Le pain me ſignifie le corps crucifié
pour moy, & le vin me ſignifie le ſang
repandu pour moy.
D. Pourquoy faire?
R. Pour me témoigner & m'aſſeurer
qu'ainſi que ce pain & ce vin ſont ordon-
nez pour l'entretennement de cette vie,
ainſi noſtre Seigneur Jeſus-Chriſt a
baillé ſon corps & ſon Sang pour moy
& ſe donne à moy, afin que de luy la
vie eternelle découle en moy.
D. Ce pain & ce vin ſont-ils noſtre
nourriture ſpirituelle?

R. Non : mais ils nous signifient cela
d'où procede la vraye vie eternelle ; à
sçavoir, celuy qui a souffert mort &
passion pour oster la cause de nostre
mort, à sçavoir les pechez, pour nous
renouveler en vie eternelle par la vi-
gueur spirituelle residente en luy.
D. Y a-il donc difference entre le pain
& le vin qui sont Sacremens & le pain
& le vin commun ?
R. Non quant à leur matiére (car c'est
tousiours pain & vin) mais tres-gran-
de, quant à l'usage : car les viandes
communes sont pour l'usage de cette
vie, & les Sacremens sont pour signi-
fier nostre nourriture spirituelle & e-
ternelle.

X. SECTION. *Demande.*

POurquoy a-il ordonné deux signes
en la Cene, veu qu'au Baptesme
il n'y en a qu'un.
R. Pour nous asseurer qu'il ne nous
nourrit pas à demy, mais du tout, n'é-
tant pas seulement nôtre viande : mais
aussi nostre breuvage.

D. Où est maintenant Jesus-Christ selon sa nature humaine ?

R. Au Ciel, d'où il viendra juger les viuans & les morts.

D. Comment donc vous qui estes en terre le pouvez-vous recevoir ?

R. Comme ie reçoy de la bouche les Sacremens, c'est à dire, ce pain & ce vin pour la norriture de ce corps, ainsi par la vertu du S. Esprit, en mon ame ie reçoy & embrasse par foy nostre Seigneur Jesus-Christ vray Dieu & vray homme pour en viure eternellement.

D. Ceux là qui n'ont point de foy reçoivent-ils Jesus-Christ en la Cene ?

R. Non, car Jesus-Christ n'est reçeu que par foy, mais bien reçoivent-ils les Sacremens à leur-condamnation.

D. Pourquoy ?

R. Pource qu'ils ne mettent point de difference entre le pain & le vin commun, & ce qui est Sacrement du Corps & du Sang de Jesus-Christ lequel ils rejettent par leur incredulité.

D. Comment donc se faut-il apprester pour venir dignement à la sainte Cene :

R. Ayant vraye repentance de la vie
passée, reconnoissant ses fautes envers
Dieu, & les amendant envers ses freres
autant que faire se peut, avec entiere
deliberation de mieux faire à l'advenir
& embrassant Jesus-Christ par vraye
foy en ses promesses & Sacremens pour
seul & vnique Sauveur.
D. Mais Jesus-Christ a-il laissé à nostre
choix d'aller à la Cene ou de n'y aller
point.
R. Defendant d'y aller indignement,
il commande à tous ceux qui ont jugement & discretion de se preparer pour
y aller dignement.

*Dieu nous fasse à tous la grace d'y aller
à son honneur, & à nostre salut.*

LE MIROIR
DE LA IEVNESSE.

Comme le bon Enfant, se porte quant, aux cho-
ses qui touchent l'honneur de Dieu, speciale-
ment, & premierement de la crainte de Dieu.

LE bon Enfant craint le Seigneur,
En reverence & tout honneur :
L'Enfant pervers n'a de Dieu crainte,
Et ne fait rien que par contrainte.

   Le bon Enfant a peur de faire
Chose qui puisse à Dieu déplaire :
L'Enfant pervers en tout son fait,
Veut que tout son vouloir fait.

   Le bon Enfant ne trouve mieux,
Que d'avoir Dieu devant les yeux :
L'Enfant pervers n'a souvenance,
De Dieu s'il n'en sent la vangeance.

   Le bon Enfant desire & prie,
Que Dieu par tout on glorifie :
Au débauché de Dieu ne chaut,
Pourveu qu'il ait ce qui luy faut.

   Le bon Enfant suplie à Dieu,
Que par tout son Royaume ait lieu :
Le pervers allant par la ville,
Se va mocquant de l'Evangile.

Le bon Enfant aime l'ecole,
Vertu, & Dieu & sa parole:
Au débauché est déplaisant,
Tout ce qui est à Dieu plaisant.
   Le bon Enfant volontiers oit
Parler de Dieu, car il y croit:
L'Enfant pervers ne veut entendre
propos de Dieu, ne rien apprendre
   Le bon Enfant en Dieu se plaist,
Et hait ce qu'à Dieu déplaist,
L'Enfant pervers se glorifie
En sa malice, & s'y confie.

Croire en la verité, la dire & maintenir
   Le bon Enfant ne contredit,
A verité, quand on luy dit:
Le débauché en tout se plonge,
En fausseté & en mensonge,
   Le bon Enfant sans grand langage
Dit verité de bon courage:
L'Enfant pervers a le cœur feint,
Et ne dit vray s'il n'est contraint.
   Le bon Enfant par équité,
Soustient tousiours la verité:
L'Enfant pervers fausse parole
Souvent maintient ou vaine ou folle.
   Fiance en Dieu, & défiance en soy même
   Le bon Enfant a défiance
De soy-même, & en Dieu fiance:

L'Enfant pervers se fie en soy,
Pource qu'en Dieu n'a point la foy.
Le bon Enfant soit jour ou nuit,
Croit que toûjours Dieu le conduit :
L'Enfant pervers en son affaire,
Ne pense avoir de Dieu affaire,
Le bon Enfant en Dieu s'asseure,
Et en tous tems ferme demeure ;
L'Enfant pervers en tout son train :
De son salut est incertain.

Obeyssance envers Dieu.

Le bon Enfant sans décliner,
Veut selon Dieu se gouverner :
L'Enfant pervers du tout s'employe,
A servir Satan & sa voye.
Le bon Enfant se fait valoir,
A servir Dieu d'un franc vouloir :
Le pervers profite en malice,
Sans faire à Dieu nul vray service.
Le bon Enfant si on ne l'empesche :
Ne faut point le Dimanche au Presche
Le pervers au lieu du Sermon,
A boire & à gaudir tient bon.

Priere & invocation.

Le bon Enfant rien ne commence,
Qu'à prier Dieu premier ne pense :
L'Enfant pervers est coustumier,
De faire tout sans Dieu prier.
Le bon Enfant en tout son fait,

A Dieu en foy priere fait:
L'Enfant pervers sans foy murmure,
Quelque priere à l'avanture;
    Le bon Enfant en sa souffrance;
Attend du Seigneur allegeance:
Le pervers pour avoir secours,
Vers les Sorciers a son secours,
        Reconnoissance du bon Enfant.
    Le bon Enfant reconnoist bien,
Que du Seigneur luy vient tout bien;
L'Enfant pervers rien ne confesse:
Si Dieu de sa main ne le presse.
    Le bon Enfant Dieu remercie?
Du bien & mal toute sa vie:
Au pervers tant plus de bien vient:
Tant moins de Dieu il luy souvient.
    Le bon Enfant en son loisir,
A loüer Dieu prend son plaisir?
L'Enfant pervers n'ayant besongne,
Blaspheme Dieu comme un yvrongne.
        Obeyssance à Pere & Mere.
    Le bon Enfant veut rendre entiere,
Obeyssance à Pere & Mere:
Le pervers étant bien battu,
Encore est rebelle & testu,
Le bon Enfant va de courage,
Diligemment à son message,
Le débauché s'en va musant:
Puis vient mentir en s'exculant.

Le bon Enfant sans contredit
Fait volontiers ce qu'on luy dit:
Le pervers quoy qu'il die ou fasse,
Rien ne fera de bonne grace.

Le bon Enfant se tient sous verge,
Avec tous ceux qui sont en charge;
Le debauché n'a nul desir,
Sinon de vivre à son plaisir.

De l'Ecole & des choses qui appar-
tiennent à cela.

Le bon Enfant vient vitement
A l'ecole & joyeusement:
Le débauché cherche cachette,
Pour tenir école secrette.

Le bon Enfant à écouter
Est diligent sans caqueter:
L'Enfant pervers n'a le courage,
Qu'à tout babil ou badinage.

Le bon Enfant tousiours s'efforce
De comprendre en toute sa force:
L'Enfant pervers ne fait profit,
Sinon par contrainte ou acquit.

Le bon Enfant son devoir fait,
D'apprendre & de mettre en effet:
L'Enfant pervers & indocile,
Est à traiter fort difficile.

Continuation d'Etude.

Le bon Enfant toute heure vient,
A ses leçons s'on ne le tient:
L'Enfant pervers souvent s'excuse,

D'avoir failly, mais il s'abuse,
    Le bon Enfant ne gaudit pas,
Apres avoir prié son repas :
Le débauché cherche la dance,
Quand il a bien remply sa pance.

Correction & remontrance.
D'endurer volontiers les admonitions
D'en faire son profit & les mettre en effet.
Deremercier pour avoir esté repris ou admonesté.
    Le bon Enfant point ne répond,
S'il est repris, mais se confond :
Le pervers dépite à l'encontre,
De celuy-la qui luy remontre.
    Si l'Enfan sage on admoneste,
Volontiers oit & s'y arreste :
L'Enfant pervers se mocquera,
De celuy qui l'advertira.
    Le bon Enfant grand mercy rend,
A celuy-là qui le reprend :
Le pervers a grand peine endure,
D'estre repris sans dire injure.
            Repentance & Déplaisance.
    Le bon Enfant n'est endurcy,
Mais de son mal requiert mercy :
Le pervers n'a reconnoissance,
De son peché, ne repantance.
    Le bon Enfant quand on l'accuse,
Confesse ou dit honneste excuse :
L'Enfant pervers ayant mépris,

Renonce à tout s'il s'est surpris,
  Le bon Enfant ayant failly,
En a le cœur triste & marry :
Le débauché par tout se vante,
Quand il a fait chose méchante.

Des Compagnies.

  Le bon enfant aux bons s'adjoint,
Les débauchez ne cherche point :
Le débauché touſiours aborde,
Vers les méchans & s'y accorde.

  Le bon Enfant se tient caché,
Pour fuyr cause de peché :
Le débauché guette à la porte,
Pour rencontrer gens de sa sorte.

De la conversation avec les autres.

  Le bon Enfant est renommé,
D'aimer chacun & d'estre aimé :
L'Enfant pervers & de tous vices,
Ne peut aimer que ses complices.

  Le bon Enfant est coint & doux,
Humain & aimable à tous ;
L'Enfant pervers est intraitable,
Fascheux à tous & imployable.

De la Nourriture.

  Le bon Enfant s'il mange ou boit,
Rend grace à Dieu comme il doit :
Le pervers souvent boit & mange,
Sans rendre à Dieu quelque loüange.

  Le bon Enfant pas ne demande,

S'emplir de vin ne de viande :
L'Enfant pervers sans se lever,
Se saoulera jusqu'au crever,
 Du jeu & esbattement.
Le bon Enfant point ne s'arreste,
A quelque jeu s'il n'est honneste :
Le débauché se va cachant,
Pour se trouver en lieu meschant.
 Le bon Enfant en tout son jeu,
Craindra tousiours d'offenser Dieu :
Le pervers ne fait conscience ;
Si Dieu en joüant il offence.
 Charité à pardonner facilement.
Le bon Enfant à tous pardonne.
Sans point se venger de personne :
L'Enfant pervers n'a point repos ;
S'il ne se venge à tous propos.
 Charité contre envie.
Le bon Enfant n'est envieux,
Du sçavoir d'autruy, mais joyeux :
Le pervers à tort se dépite :
Contre celuy qui mieux profite.
 Charité en correction fraternelle.
Le bon Enfant souvent remonstre,
Si un mal-faisant il rencontre :
L'Enfant pervers s'efforcera :
D'aider celuy qui mal-fera.
 Charité à se reconcilier les uns les autres.
Le bon Enfant cherche appointer,

Si quelqu'un est à racointer,
Le pervers ayant conceu haine,
S'il s'en démet, c'est bien à peine.
    Charité en aimant paix & union.
L'enfant qui a de Dieu la grace,
Aime la paix & la pourchasse :
Le débauché est si mauvais,
Qu'il s'ebat à troubler la paix.
    Charité particuliere des vrays Chrétiens.
Le bon Enfant point ne maudit,
Mais contre mal toûjours bien dit :
L'enfant pervers pour luy bien dire,
Prendra plaisir à te maudire.

    Simplicité.
Le bon Enfant marche en lumiere,
Sans machiner rien en derriere :
L'Enfant malin guette au détour,
Pour faire quelque mauvais tour :
A le cœur net & découvert,
Le débauché faux hypocryte.
    Humilité contre orgueil.
Le bon Enfant rien ne se prise,
Et devant Dieu son fait méprise :
L'Enfant pervers a le cœur haut,
Enflé d'orgueil comme un crapaut.
    De patience.
Le bon Enfant quand on l'offense,

Le prend pour Dieu en patience :
L'Enfant pervers pour cas petit,
Dira, Dieu ait de toy dépit.

De patience en affliction.
Le bon Enfant point ne murmure,
Encontre Dieu quoy qu'il endure :
L'Enfant pervers ne peut endurer,
N'en bien n'en mal sans murmurer.

De la langue.
Le bon Enfant hait menterie,
Et grand babil & vanterie :
Le débauché est grand menteur,
Et babillard, & grand vanteur.

Conclusion de tout ce Livre.
Qui voudroit icy tout écrire,
Ce qu'appliquer on y pourroit :
Qui est celuy qui pourroit lire,
Le tout & ne s'en fascheroit,
Pour donc conclure ces matieres,
Le bon Enfant & le pervers,
Sont en plusieurs autres manieres,
Bien differens & fort divers,
Bref, il n'y a nulle apparence,
Qu'entre eux puissent avoir accord,
Autant y a de difference,
Comme entre la vie & la mort.

LE CANTIQUE DE SIMEON,
Lvc. II.   Cl. Ma.

OR laisse Creatur',
Em paix ton serviteur,
En suivant ta promesse,
Puis que mes yeux ont eu :
Ce credit d'avoir veu,
De ton salut l'adresse.
   Salut mis au devant,
De ton peuple vivant,
Pour l'oüyr & le croire ;
Ressource des petits,
Lumiere des Gentils,
Et d'Israël la gloire.

LOVE SOIT DIEV.